Steffi Baltes

Gebet für das Heilige Land

FRANCKE

Verlag der Francke-Buchhandlung GmbH

Über die Autorin:
Steffi Baltes ist Pfarrerin und lebt in Marburg und Jerusalem. Sie und ihr Mann Guido haben sich dem Christus-Treff angeschlossen. Im Rahmen ihrer Mitarbeit in dieser Gemeinschaft kommen sie seit 1996 regelmäßig nach Israel. Seit Mitte 2003 haben sie die Leitung des Johanniter-Hospizes in Jerusalem übernommen.

Bibliografische Information Der Deutschen Bibliothek
Die Deutsche Bibliothek verzeichnet diese Publikation in der Deutschen Nationalbibliografie; detaillierte bibliografische Daten sind im Internet über http://dnb.ddb.de abrufbar.

ISBN 3-86122-670-7
Alle Rechte vorbehalten
© 2004 by Verlag der Francke-Buchhandlung GmbH
35037 Marburg an der Lahn
Umschlagfotos: Henri Oetjen, Global Image
Fotos im Innenteil: Heike Di Nunzio, Steffi u. Guido Baltes
Umschlaggestaltung: Henri Oetjen, DesignStudio Lemgo
Satz: Verlag der Francke-Buchhandlung GmbH
Druck: St.-Johannis-Druckerei, Lahr

Inhaltsverzeichnis

Für Eva,
die mich zu diesem Projekt ermutigte,
und für meinen Mann Guido,
der meine Liebe zum Heiligen Land teilt.

Ein herzliches Dankeschön auch an Roland und Elke
für ihre Freundschaft und Ermutigung,
an Sabine und an alle, die an der Entstehung dieses
Buches Anteil genommen haben.

Vorwort

„Gott liebt alle, die im Heiligen Land ihre Heimat gefunden haben." So drückt Steffi Baltes es treffend aus. Dabei hat sie die unterschiedlichen Menschen im Blick, verschiedene Religionen, verschiedene Konfessionen, verschiedene Völker. Ihre Gebete in diesem Buch sind eine Aufforderung, Gottes Wort ernst zu nehmen und im Gebet für alle Menschen einzustehen, egal welche Herkunft sie haben.

Als gute Kennerin des Landes und seiner Bewohner gibt Steffi Baltes Einblicke in die unterschiedlichen Gruppierungen, ihre Nöte, ihre Träume und ihre teilweise auch schmerzvollen Erfahrungen. In kurzen Erklärungen führt sie in die jeweilige Situation ein und formuliert ein Gebet, das eigentlich jeder ohne Bedenken mitsprechen kann.

Dieses Buch ist sowohl eine gute Vorbereitung auf eine Reise nach Israel als auch ein idealer Reisebegleiter im Heiligen Land. Wie oft begegnet man unterwegs Menschen, befindet sich an besonderen Orten und möchte beten, konkret beten. Doch wie? So schnell kann man seine Gedanken nicht in Worte fassen. Zu komplex sind die Zusammenhänge. Zu differenziert ist die Not. Und dennoch möchte man beten, Gott dieses Anliegen bringen.

Genau dabei kann dieses Buch eine echte Hilfe sein. Mit etwas Hintergrundinformation und viel Einsicht in die Situation gibt Steffi Baltes hier dem Herzensanliegen ihre eigenen Worte. Hier kann man in formulierte Gebete einstimmen. Wo mancher Israelbesucher sprachlos wird, hat sie Worte gefunden. Worte, die ehrlich sind. Dabei bekennt sie auch offen ihre eigene, manchmal überraschend auftretende Sprachlosigkeit, formuliert ihre Hoffnungen für die Menschen um sie herum und hat dabei immer im Blick, dass nur Gott selbst helfen kann.

Wer für Menschen im Heiligen Land beten will, findet hier eine echte Hilfe. Wer betet, kann sich nicht auf eine Seite schlagen, weder politisch noch menschlich. Wer betet, spürt Gottes Herzschlag für alle Menschen. „Gott will, dass alle gerettet werden und zur Erkenntnis der Wahrheit kommen." Beten Sie mit.

Elke Werner

„Gebet für das Heilige Land" – warum?

Die vorliegenden Gebetstexte sind aus einer aktuellen Frage heraus entstanden: „Wie kann ich für das Heilige Land beten?" Bei vielen Christen, mich eingeschlossen, habe ich Sprachlosigkeit festgestellt, wenn es darum geht, wie wir konkret für das Heilige Land und seine Menschen beten können.

Deshalb greifen die Texte im Gebet verschiedene Themen auf, die die Gesellschaft Israels prägen (z.B. Konflikte zwischen den drei Weltreligionen, die Zukunft palästinensischer Familien, das Leben der jungen israelischen Soldaten). Sie wollen helfen, im Gebet die Menschen verschiedener Kulturen und Religionen in ihren unterschiedlichen Situationen zu berücksichtigen (säkulare Israelis, orthodoxe Juden, muslimische Araber, arabische Christen und messianische Juden, Christen anderer Denominationen). Sie möchten Anregungen geben, wie wir die geistliche Situation des Heiligen Landes (z.B. Misstrauen und Furcht, Resignation, Messiaserwartung) wahrnehmen und dafür beten können.

Die Erfahrungen, die in die Gebetstexte mit einfließen, stammen aus wiederholten kurzen und längeren Aufenthalten im Heiligen Land. Auch im Moment leben mein Mann und ich gerade wieder in Jerusalem und sind dort in der Arbeit des Christus-Treff im Johanniter-Hospiz tätig.

Das Johanniter-Hospiz ist ein kleines christliches Gemeinschaftshaus, das an der 8. Station der Via Dolorosa liegt, mitten im christlich-arabischen Teil der Altstadt. Ursprünglich wurde es vom Johanniter-

Orden als eine Herberge für Pilger errichtet. Seit 1993 wird es von Mitarbeitern aus dem Christus-Treff in Marburg bewohnt und geleitet. Wir führen die Tradition der Gastfreundschaft fort, indem unsere Türen für Besucher und Gäste offen sind. Wir arbeiten in verschiedenen Gemeinden mit, um Christen in Jerusalem zu unterstützen. Und wir suchen Kontakte zu Juden, Arabern und Ausländern im Heiligen Land.

Die vorliegenden Texte, die aus dieser Arbeit entstanden sind, sollen dazu helfen, ein wenig „sprachfähiger" im Gebet zu werden und mit Freude und etwas Information gezielter beten zu können. Jedem Gebet ist ein Text vorangestellt, der in die verschiedenen thematischen Schwerpunkte einführt. Das Gebet selbst ist als Beispiel gedacht und will dazu inspirieren, auch mit eigenen Worten und im Hören auf Gott weiter zu beten.

Als Christ glaube ich, dass Gebete wirklich etwas verändern. Gott hört uns und er möchte, dass wir im Gebet für andere eintreten. Er lässt sich von uns bewegen, zu handeln und andere Menschen zu segnen. Das Heilige Land und alle seine Bewohner brauchen unser Gebet.

In den verschiedenen Gebetsimpulsen kommt meine Überzeugung zum Ausdruck, dass jeder Mensch – sei er Jude, Christ, Muslim oder Angehöriger einer anderen Religion – Gott braucht: den Gott, der uns in Jesus Christus sein Gesicht zugewandt hat und uns von Herzen gnädig sein will.

Von den Menschen des Heiligen Landes habe ich gelernt, dass ich wissen darf, was ich glaube; dass ich meine christliche Identität und Überzeugung nicht zu verleugnen brauche und dennoch beziehungsweise gerade deswegen Menschen anderen Glaubens achten und respektieren kann. Ich möchte sie mit meinen Gebeten segnen.

Mein Wunsch ist es auch, dass die Gebete einen Einblick in das große Herz Gottes geben, das Herz, das er für dieses Land und alle seine Menschen hat.

Steffi Baltes, im Januar 2004

Verschlossene Türen

Das Heilige Land – Land der drei großen Weltreligionen Judentum, Christentum und Islam. Jerusalem – die Stadt, die Menschen jüdischen, christlichen und muslimischen Glaubens heilig ist.
Es gibt so viele Missverständnisse, tiefes Misstrauen und unzählige Ängste im Umgang dieser Menschen miteinander. Gott liebt alle, die im Heiligen Land ihre Heimat gefunden haben. Jeder ist ihm wichtig und unendlich wertvoll. Und er möchte, dass all diese Menschen in Frieden miteinander leben, einander würdigen und achten. Lasst uns dafür beten, dass Gottes Friede in dieses geschundene, zerrissene Land und in die Herzen seiner Bewohner einzieht!

Herr,
Du siehst die verschlossenen Türen
zwischen Juden, Christen und Muslimen.

Du kennst das Misstrauen, die Angst, den Hass,
den tiefen Schmerz und die Bitterkeit
auf allen Seiten,
die Resignation, die sich breit macht –
all das und noch viel mehr,
was den Menschen den Weg zueinander versperrt
wie eine eiserne, unerbittlich geschlossene Tür.

Doch verschlossene Türen
sind für Dich noch nie ein Hindernis gewesen.
Gott sei Dank!
Durch die Kraft Deiner Auferstehung
hast Du damals die verschlossenen Türen
zu Deinen Freunden überwunden,
zu denen, die glaubten,
und denen, die zweifelten,
und hast gesagt: Friede sei mit euch!

Das wünsche ich mir,
dass Du das wieder tust
und den Menschen hier,
die du so sehr liebst,
Deinen Frieden bringst.

Ein Friede, der eiserne Türen überwindet
und Herzen erobert –
für Dich und füreinander.

Hoffnung auf Zukunft

Unser Gott hat ein großes Herz. Alle haben darin Platz. Sein Herz schlägt voller Liebe und Erbarmen für die palästinensischen Menschen, Menschen wie du und ich, mit Hoffnungen, Träumen und Wünschen für ihr Leben und das ihrer Kinder. Viele wünschen sich nichts weiter, als in Frieden ein gutes Leben leben zu dürfen. Aber viele haben auch Angst und sind wütend und enttäuscht, weil ihr alltägliches Leben oft sehr schwierig ist. Lasst uns dafür beten, dass sie genug Arbeit finden, um ihre Familien zu ernähren; dass ihre Kinder aufwachsen, um eine gemeinsame Zukunft von Palästinensern und Israelis mitzugestalten, und dass sie den Willen zur Vergebung und Versöhnung nicht aufgeben.

Herr, ich bitte Dich
für die jungen palästinensischen Familien:
Du weißt, welche Wünsche und Träume sie haben –
die Hoffnung auf eine bessere Zukunft,
in der ihre Kinder in Frieden leben,
zur Schule gehen und Arbeit finden können,
eine Zukunft, in der sie ein Zuhause
und genug zu essen haben
und feiern, fröhlich sein, lieben und trauern können,
all das, was zum Leben dazugehört,
all das, was aus Deiner Hand kommt.

Du siehst ihre Sehnsucht
und Du hast von Herzen Erbarmen.

Herr, segne sie,
dass sie nicht aufhören zu hoffen,
dass sie nicht in Enttäuschung und Depression versinken,
dass sie ihre Seelen nicht auffressen lassen
von Wut und Bitterkeit.

Du bist ein Gott, der gute Gedanken über sie hat,
der ihnen Zukunft und Hoffnung geben will,
der nicht will, dass auch nur
einer von ihnen verloren geht.

Berühre sie mit Deinem Geist.
Hüll sie ein in Dein Erbarmen und Deine Liebe.
Zeig Dich ihnen als der Gott, der sie sieht,
so wie Du damals Hagar gesehen hast am Brunnen
und ihr und ihrem Sohn Ismael ein neues Leben
ermöglicht hast.
Zeig Dich ihnen
als der Gott, der f ü r sie ist
und der sie nicht vergessen hat.

Sehnsucht nach Leben

Israelische Teenager haben viel gemeinsam mit Teen-
agern in anderen Ländern. Sie wollen ihr Leben genie-
ßen, nicht viel über das Morgen nachdenken. Im Ge-
gensatz aber zu vielen anderen Teenagern sind sie stän-
dig mit Gewalt und Tod und der unsicheren Zukunft
ihres Landes konfrontiert. Sie versuchen, die angespannte
Situation zu verdrängen. Wie alle Teenager haben sie
eine tiefe Sehnsucht nach Leben. Manche versuchen sie
dadurch zu stillen, dass sie sich östlicher Spiritualität
zuwenden oder einfach nur so viel Spaß wie möglich
haben wollen. Lasst uns dafür beten, dass sie der Quelle
begegnen, die ihren Durst nach Leben stillen kann. Gottes
Herz sehnt sich nach diesen jungen Menschen. Er will
ihnen Leben in Fülle schenken.

Herr,
ich bitte Dich
für die jungen Israelis,
die einfach nur so sein wollen
wie alle anderen,
die das Leben genießen wollen
mit aller Kraft,
weil sie nicht wissen,
ob es nicht morgen schon vorbei ist.

Du kennst ihre tiefe Sehnsucht
nach Leben und Glück,
die sie überall anders stillen –
nur nicht bei Dir,
dem Gott Abrahams, Isaaks und Jakobs,
dem Vater von Jesus Christus.

Du kennst ihre Suche nach einem sinnvollen Leben
und die Orte, an denen sie
Erfüllung und Erleuchtung suchen,
sei es in Indien oder anderswo.

Herr, erleuchte ihre Herzen,
damit sie Dich sehen können,
damit sie erkennen, wer Du für sie sein willst –
der Gott ihrer Väter, ihr Heiland, ihr Messias.

Dein Herz sehnt sich danach,
ihnen Leben in Fülle zu schenken,
ihnen lebendiges Wasser zu geben,
das nie verdirbt und nie versiegt.

Herr, öffne ihre Augen,
öffne ihre Herzen,
stille ihre Sehnsucht.

Mit aller Kraft

Sie gehören zum alltäglichen Bild in den Straßen des Heiligen Landes: junge israelische Frauen und Männer, gerade mit der Schule fertig und schon Soldaten. Ihre Eltern haben jeden Tag Angst um sie, genauso, wie auf der palästinensischen Seite jeden Tag Eltern Angst um ihre Kinder haben. Ein Stück ihrer Jugend und ihrer Unbeschwertheit geht verloren. Manche möchten lieber nicht mit der Waffe in der Hand ihren arabischen Nachbarn gegenüber stehen, doch andere sehen den Militärdienst als ihre Pflicht und sind stolz auf ihre Uniform. Denn sie haben Angst, dass sie ihren Lebensraum verlieren. Manche erinnern sich an die Erzählungen ihrer Großeltern oder Urgroßeltern, die den Holocaust überlebt haben und das Lebensgefühl mitprägen: Wir sind nur sicher, wenn wir stark sind und uns nie wieder schwach zeigen.

Lasst uns dafür beten, dass die schmerzlichen Erinnerungen der Vergangenheit heilen können; dass die jüdischen Menschen im Heiligen Land ihre Sicherheit nicht von der eigenen Stärke abhängig machen, sondern mit aller Kraft auf Gott vertrauen. Wenn wir unsere Schwachheit anerkennen, kann Gott mächtig wirken.

Vater,
Du weißt, was in ihnen vorgeht:
in den jungen Soldaten und Soldatinnen,
die kostbare Jahre ihres Lebens
in der Armee verbringen,
verwickelt in einen Konflikt,
ohne den alle glücklicher wären.

Du kennst ihre Furcht
und die Besorgnis ihrer Eltern,
jedes Mal, wenn sie wieder
zurück müssen vom Heimaturlaub,
zurück zu ihren Einheiten –
Kinder fast noch,
die ihre Maschinengewehre
handhaben, als wäre es nichts.
Und Du siehst tiefer:
siehst die Angst,
nicht sicher zu sein,
bedroht zu sein;

siehst den unbändigen Lebenswillen
und die Entschlossenheit,
sich zu behaupten, koste es, was es wolle;
siehst das tiefe Misstrauen und den Schwur:
„Niemand soll uns etwas anhaben können ..."

Sicher sein – mit aller Kraft,
das möchten sie so gerne.
In ihrem Land leben
mit dem Gefühl der Geborgenheit –
das wünschen sie sich.

Du verstehst diese Sehnsucht.
Aber Du sagst: „Nicht durch Heer oder Kraft,
sondern durch meinen Geist."
Nur Du kannst ihnen echte Sicherheit schenken –
eine Sicherheit, die nicht mit Waffen erreicht werden kann.

Hilf ihnen, sich Dir anzuvertrauen
und D e i n e r Stärke,
statt auf ihre eigene Macht zu bauen.
Hilf ihnen, sich nach Dir und Deiner Hilfe
auszustrecken,
nach Deinem Frieden für ihre Herzen
und mit ihren arabischen Nachbarn.

Nur Du kannst das tun,
dass sie sicher wohnen können
in dem Land, das sie lieben,
in Frieden mit ihren Nachbarn.

Der Herr weint

Am Ölberg gibt es eine wunderschöne Kapelle. Sie heißt „Dominus flevit" – „der Herr weinte".
An dieser Stelle hat Jesus der Überlieferung nach bei seinem Einzug in Jerusalem Halt gemacht. Er sah die Stadt unter sich liegen und weinte, weil er wusste, dass schwierige Tage für die Stadt und ihre Bewohner kommen würden. Heute hat Jesus immer noch Grund genug, viele Tränen um Jerusalem und seine Bewohner zu vergießen. Lasst uns dafür beten, dass die Menschen Jerusalems seine Tränen wahrnehmen; dass ihr Herz von ihnen erweicht wird; dass die Tränen von Jesus Heilung bringen und alle Schuld und alles Leid abwaschen.

Herr,
Du hast über Jerusalem geweint,
damals am Ölberg.
Du hast über die Stadt geschaut
und Dein Herz ist zerbrochen –
aus Kummer um die,

die Dich nicht wollten,
nicht als ihren Retter,
nicht als ihren Friedefürst,
nicht als ihren Heiland.

Herr,
ich glaube, Du weinst noch immer
über Jerusalem,
wenn Du es anschaust
mit seinen Hochhäusern,
seinen Synagogen, Kirchen und Moscheen.
Du weinst noch immer
über die Zerrissenheit seiner Bewohner,
über die tiefen Gräben zwischen Menschen,
über die Mauern aus Stein und Stacheldraht,
die die Stadt zerschneiden
und so manches Herz.

Herr,
ich wünsche mir,
dass Deine Tränen Heilung bringen
für Jerusalem und das ganze Land,
die Zerrissenheit heilen,
harte Herzen erweichen,
verwundeten Seelen wohl tun,
blinde Augen gesund machen,
damit sie Dich erkennen können,
denn Du bist Jerusalems Hilfe und Schutz.

Herr,
Jerusalem braucht Dich heute
gerade so wie damals
und seine Menschen sind friedlos und zerrissen
gerade so wie damals,
zieh Deine Liebe nicht von ihnen ab, erbarme Dich.

Heimkommen zum Vater

Im Heiligen Land leben viele muslimische Araber. Ein gläubiger Muslim versucht, so zu leben, dass es seinem Gott gefällt. Aber er kann sich nie ganz sicher sein, ob sein Gott ihm wirklich gnädig ist. Als Christen glauben wir, dass Gott will, „dass alle Menschen gerettet werden und seine Wahrheit erkennen" (1. Timotheus 2,4). Gott sieht die Sehnsucht in den Herzen der Muslime, die Sehnsucht nach einem Gott voller Liebe, Gnade und Erbarmen. Einem Gott, bei dem man sicher und geborgen sein kann. Lasst uns dafür beten, dass unser Vater im Himmel ihnen nahe kommt und als ganz persönlicher und liebevoller Gott begegnet.

Vater,
ich bitte Dich für Muslime im Heiligen Land,
die sich jeden Tag bemühen,
Gott zu gefallen,
die sich zum Ruf des Muezzins
beugen im Gebet,
die sich einen Gott erhoffen,
der ihnen gnädig ist,
vor dessen Zorn sie bestehen können
am Tag des Gerichts.

Vater,
ich bitte Dich,
dass Du die Sehnsucht ihres Herzens würdigst
nach einem Gott, der sie hört und sieht,
der Anteil an ihnen nimmt,
der Schuld nicht anrechnet,
sondern gerne vergibt
und neues Leben ermöglicht.

Gib Du ihnen Hoffnung,
dass das kein Traum ist,
dass DU dieser Gott bist,
der seine Arme weit öffnet
und sie einlädt in sein Haus,
der ihnen die staubigen Füße wäscht,
der sie willkommen heißt an seinem Tisch
zu einem üppigen orientalischen Mahl.

Du bist ein großzügiger Gastgeber,
ein liebevoller Vater,
dein Herz schlägt
für alle Menschen,
auch für die Muslime im Heiligen Land.

Für sie, auch für sie
hast Du Deine Macht abgelegt,
bist schwach geworden und klein
in Deinem Sohn Jesus,
hast Dich beschämen lassen von Menschen.
Für sie, auch für sie
hast Du Dein Leben gelassen
als ein echter Freund,
der treu ist bis in den Tod.
Für sie, auch für sie
hast Du die Fesseln des Todes gesprengt,
hast Du Deine Liebe bewiesen,
die stärker ist als das Totenreich,
die ihnen Hoffnung bringen will,
Vergebung ihrer Schuld
und das Angebot
eines erfüllten Lebens in Ewigkeit.

Begegne ihnen, wenn sie sich im Gebet
nach einem Gott ausstrecken,
der ihnen gnädig ist.
Segne sie und lass sie erkennen,
wie Du bist.

Lebendiges Erbe

Das Heilige Land ist der Ursprung unseres christlichen Glaubens. Lange bevor es in unserem Land Christen gab, wuchsen hier lebendige christliche Gemeinschaften und Kirchen heran. Die Fülle der verschiedenen Denominationen im Heiligen Land ist für uns manchmal verwirrend. Die Gebräuche, Riten und Gottesdienstformen der alten orientalischen Kirchen sind uns oft fremd. Lasst uns dafür beten, dass wir neugierig und offen werden, in diesen Kirchen unsere Schwestern und Brüder zu entdecken. Lasst uns dafür beten, dass wir das betonen, was uns vereint: den gemeinsamen Glauben an Gott den Vater, den Sohn und den Heiligen Geist. Gott freut sich über die Vielfalt und den Reichtum der verschiedenen christlichen Traditionen. Und er freut sich, wenn wir als Christen aus unterschiedlichen Kulturen einander segnen, ermutigen und fördern.

Herr,
ich danke Dir für die vielen Christen,
die Jerusalem und das ganze Land
seit Jahrhunderten
mit ihren Lobgesängen und Gebeten
segnen.
Ich danke Dir für die vielen Christen
aus den unterschiedlichsten Denominationen,
die Dich lieb haben
und treu zu Dir stehen
in allen Schwierigkeiten und aller Verfolgung
durch die Jahrhunderte –
die arabischen und jüdischen Gläubigen,
äthiopische, syrische, armenische, griechische,
russische Christen und
Christen anderer Traditionen,
die in ihrer Vielfalt
etwas von Deiner Fantasie und Deiner Größe
widerspiegeln.

Herr,
ich bitte Dich darum,
dass die Christen Jerusalems und im ganzen Land
zueinander finden, mehr noch als bisher.
Ich bitte Dich, dass sie miteinander
etwas von Deinem Charakter abbilden –
Deine unendliche Geduld,
Liebe und Barmherzigkeit,
Deine Weite, Freiheit und Kreativität.

Hilf ihnen,
dass sie Deinen Frieden zu den Bewohnern
des Heiligen Landes tragen,
das oft so unheilig und unbarmherzig ist.

Herr,
ich glaube, dass die Christen
aller Konfessionen und Denominationen
gemeinsam vorleben können,
was es heißt, Dich zum Herrn zu haben,
welchen Segen das bedeutet
für Einzelne, für ein Volk, für ein Land.
Mach Du die Christen zum Segen für das Land,
in dem Du geboren bist.

Und wo sie, wie wir auch,
schläfrig geworden sind
im Lauf der Jahrhunderte,
wo sie erstarrt sind in ihren Traditionen
und das Feuer der ersten Liebe zu Dir erloschen ist,
da erbarm Dich über sie und weck Du sie auf,
sag zu ihnen: „Komm heraus,
mach dich auf, werde licht,
ich will in dir wohnen
und du sollst das Land erleuchten
mit der Erkenntnis des Herrn."

Frieden im Nahen Osten?

Viele Menschen im Heiligen Land haben sich jahrzehntelang um Frieden bemüht und im Kleinen versucht, ihre Gesellschaft zu verändern. Es gibt Beispiele von engagierten Menschen in allen Bevölkerungsgruppen – unter Juden, Christen oder Muslimen. Aber auch diese Menschen sind müde geworden und haben die Hoffnung auf dauerhaften Frieden fast aufgegeben. Sie sind enttäuscht durch die ständigen Rückschläge im Friedensprozess und die vielen schmerzlichen Erlebnisse im alltäglichen Mit- bzw. Gegeneinander. Lasst uns dafür beten, dass die Hoffnung auf Frieden und Versöhnung nicht stirbt; dass Gott etwas Neues schafft in den Herzen und Köpfen der Menschen; dass sein Geist die Menschen im Heiligen Land bewegt, neue Schritte aufeinander zu zu machen.

Herr,
Du weißt, was in den Gedanken
der Menschen hier vorgeht:
das kleine Pflänzchen Hoffnung erstickt
im Dickicht der Gefühle von
Hoffnungslosigkeit, Trauer, Wut, Angst, Bitterkeit
und einer großen Portion Sarkasmus,
ohne den das Leben unerträglich zu sein scheint.

„Frieden im Nahen Osten? Dass ich nicht lache!",
sagen sie
und sprechen aus jahrelanger Erfahrung.

Herr,
auch ich habe oft kaum noch Hoffnung,
und wenn ich Dich um Frieden bitte,
dann zweifle ich noch im selben Moment,
dass jemals Friede sein wird.

Ich weiß,
den vollkommenen Frieden
wird es nirgends geben,
bis Du selbst, der Friedefürst,
wiederkommst,
um Frieden zu schaffen
und Gerechtigkeit für alle.

Herr,
die Menschen dieses Landes brauchen Dich
– ohne Unterschied,
und ich habe immer noch Hoffnung,
dass Du eingreifst,
denn Du liebst sie
– ohne Unterschied,

Juden, Muslime, Christen
der verschiedensten Kulturen.
Du kennst ihre Namen, ihre Schicksale
und Du weißt, was sie zu dem gemacht hat,
was sie heute sind und was sie leben.

Warte nicht so lange,
komm schon jetzt mit Deinem Frieden
hinein in zerstörte Beziehungen.

Stille den Sturm des Hasses.
Befiehl den Wogen der Gewalt.
Reich den Menschen hier die Hand,
dass sie ihre Angst vergessen,
ihr Gefängnis des Misstrauens verlassen
und zu Dir kommen,
dem Einen, der Frieden schaffen kann.

Zeichen der Hoffnung

Juden und Araber gehörten vor 2.000 Jahren zu den ersten Menschen, die von Gottes Geist ergriffen wurden und Jesus nachfolgten (Apostelgeschichte 2). Auch heute gibt es im Heiligen Land Juden, die Freunde von Jesus sind, und Araber, die Jesus nachfolgen. Sie versuchen, Wege aufeinander zuzugehen. Es ist nicht einfach, aber ein Zeichen der Hoffnung, ein Zeichen von Gottes Heil mitten in der Zerrissenheit und der Kluft, die zwischen Arabern und Juden existiert. Der gemeinsame Glaube an Jesus ist die Brücke, die den Abgrund überspannen kann. Es gibt konkrete Orte und Projekte, wo christliche Araber und jesusgläubige Juden sich begegnen können; wo Schmerz und Enttäuschung Raum haben und aufgearbeitet werden; wo Vergebung und Versöhnung geschieht; wo sie miteinander für das Wohl ihres Landes und ihrer Völker beten. Stellen wir uns im Gebet an ihre Seite und segnen diese Zeichen der Hoffnung. Nur Jesus, der Friedefürst, und der gemeinsame Glaube an ihn kann Juden wie Arabern dauerhaften Frieden schenken und die Kluft des Hasses überbrücken.

Jesus,
ich freue mich über die Zeichen der Hoffnung,
über die kleinen Anfänge, die ich sehe,
über das zarte Pflänzchen Vertrauen,
das langsam wächst
zwischen Arabern und Juden,
die Dich kennen und Deine Freunde sind.

Das Bemühen, den anderen zu verstehen,
die Bereitschaft, am Schicksal des anderen
Anteil zu nehmen,
die Offenheit, miteinander zu feiern und zu trauern,
die Freiheit, Dich gemeinsam anzubeten
– das alles ist nur möglich,
weil Du ihr Herr bist,
ihr Grund, ihre Mitte und ihr Ziel.

Du machst sie eins –
über die Kluft der unterschiedlichen Kulturen
und der jeweiligen leidvollen Geschichte
schlägst Du eine Brücke.

Du selbst bist die Brücke,
auf der christliche Araber
und messianische Juden sich entgegenkommen.
Das kannst nur Du schaffen!
Mitten im Chaos und in der Zerstörung
baust Du Deine Gemeinde
aus Menschen, die einst Feinde waren.
Du bist so groß und herrlich!

Dein Heiliger Geist bewirkt, dass Menschen Dinge tun,
die sie aus eigenem Antrieb und eigener Kraft
nie tun würden.

Herr, segne die arabischen
und messianischen Christen.
Stärke ihre Gemeinschaft und ihr Vertrauen zueinander.
Lass aus dem kleinen Samen der Hoffnung
einen großen, starken Baum werden,
ein Zeichen des Friedens und der Versöhnung,
ein Zeichen dafür, dass alles möglich ist,
alles – für die, die an Dich glauben.

Willkommen, König Messias

Jesus war Jude. Er liebte sein Volk und hat um es geworben. Seine Botschaft und seine Einladung zu Gott galt zuerst den Juden. Noch heute wirbt Jesus um sein Volk. Denn es braucht ihn noch genauso wie damals, als er über die Felder Galiläas und durch die Gassen Jerusalems ging. Aber wie damals erkennen auch heute viele Juden Jesus nicht als ihren Messias an. Die jüdische Geschichte nach Jesus hat immer wieder Leute hervorgebracht, die als Messias verehrt wurden, seien es Bar Kochba (2. Jahrhundert n.Chr.), Sabbatai Zwi (17. Jahrhundert) oder Rabbi Schneerson, der 1994 verstarb und eine große Anhängerschaft hat.

Lasst uns dafür beten, dass die große Liebe von Jesus für sein Volk die Herzen der jüdischen Menschen erreicht; dass sie sich einladen lassen zum Gott Abrahams, Isaaks und Jakobs – dem Gott, der in Jesus Mensch wurde und Heil für alle bringt, für Juden und für Nichtjuden.

Herr,
so lange schon wartest Du darauf,
dass das Volk, aus dem Du geboren bist,
sich zu Dir wendet.

Als Du unterwegs warst mit Deinen Freunden,
unterwegs auf den blühenden Wiesen Galiläas
im Frühling,
unterwegs in der staubigen Wüste um Jericho
im Sommer,
unterwegs auf den regennassen Straßen Jerusalems
im Winter,
da hast Du immer zuerst daran gedacht,
das jüdische Volk für Dich zu gewinnen.
Schon immer hatte es einen Platz
in Deinem Herzen.
Und schon immer hast Du dich danach gesehnt,
dass sie in Dir das sehen,
was Du bist:
nicht einen Betrüger, nicht einen Gotteslästerer,
sondern den Messias, ihren Messias.

Doch bis heute gibt es nicht viele in dem Volk,
aus dem Du geboren bist,
die Dich als ihren Messias lieben gelernt haben.

Manche warten noch immer auf den Erlöser
und glauben nicht,
dass er schon längst für sie gekommen ist.
Manche haben ihren Messias schon gefunden ...
aber Du bist es nicht.
Manche haben das Warten längst aufgegeben
und die Sehnsucht nach dem Einen,
der endlich Frieden bringt, begraben.

Gib sie nicht auf, Herr!
Wirb um sie wie ein Bräutigam um seine Braut!
Geh wieder über die Felder Galiläas,
durch den Staub Jerichos,
durch die Straßen Jerusalems
– durch Deinen Geist,
den Geist der Wahrheit und der Erkenntnis.

Wie schön wäre es,
wenn das Volk, aus dem Du geboren bist,
Dich eines Tages begrüßt:
„Willkommen, König Messias!"

Yad Va Shem – Ein Denkmal und ein Name

Wer schon einmal die Holocaust-Gedenkstätte Yad Va Shem besucht hat, der bekommt eine Ahnung davon, wie bewegend und erschütternd die Schicksale der vielen, vielen Menschen sind, die unter der Nazi-Herrschaft ihr Leben verloren haben. Damit die Opfer nicht vergessen werden, wird hier ihrer Namen und ihrer Geschichte gedacht.

Noch heute, drei Generationen später, prägt der Holocaust die israelische Gesellschaft. Das Trauma, das die Urgroßeltern oder Großeltern erlebt haben, wirkt fort – in ihren nächtlichen Träumen, in dem, was sie ihren Kindern und Enkeln erzählt oder auch verschwiegen haben. Und nicht nur für die jüdischen Menschen, sondern auch für uns als nichtjüdische Deutsche ist das, was geschehen ist, noch immer bedrückend und schmerzlich. Es gibt sicher noch so manches, was Israelis und Deutschen das Miteinander erschwert, wie Gefühle von unermesslichem Verlust und Bitterkeit auf der einen und Scham und unverarbeitete Schuldgefühle auf der anderen Seite. Gott lädt uns ein, unseren Verlust, Schmerz, Bitterkeit, Scham und Schuld zu ihm zu bringen. Er möchte uns, Deutschen wie Israelis, unsere Lasten abnehmen und uns frei machen, damit wir unvoreingenommen aufeinander zugehen und gemeinsam neu anfangen können. Lasst uns dafür beten, dass das geschieht und dass Israelis wie Deutsche diese schmerzliche Vergangenheit mit Gottes Hilfe bewältigen und verarbeiten können.

Herr,
die Vergangenheit scheint so weit fort,
und doch kommt sie hier wieder nahe,
wird sie hier wieder lebendig,
so niederschmetternd und so beschämend.

Menschen und ihre Schicksale
erwachen zum Leben.
Ihre Namen mahnen mich:
„Erinnere dich ... Vergiss mich nicht ...“

Herr,
wann immer ich darüber traurig werde,
über das, was mein Volk
einem anderen Volk angetan hat,
dann tut es gut zu wissen,
dass Du keinen einzigen
Menschen vergessen hast,
der so schrecklich leiden musste –
nicht die Kinder, nicht die Alten,

weder Frau noch Mann.
Du kennst alle ihre Namen,
Du kennst ihre Geschichte
und weißt um jede Träne,
die sie geweint haben.

Herr,
Du siehst auch, wo die schmerzliche Vergangenheit
noch immer ihre Schatten wirft –
auf das Leben von denen,
die heute im Heiligen Land leben.

Herr,
ich bitte Dich darum,
dass Du da Vergebung und Versöhnung schenkst,
wo Menschen von der Vergangenheit
gequält werden,
wo Generation um Generation aufgewachsen ist
unter der Bürde ihrer Familiengeschichte,
die so mit unserem Land verwoben ist.

Herr,
befreie Du die,
die sich nicht selbst befreien können
von den Alpträumen der Nacht
und der Erinnerung an das namenlose Grauen.
Hilf ihnen, zu vergeben,
uns zu vergeben.

Christen aus aller Welt

Christen aus vielen verschiedenen Ländern kommen jedes Jahr ins Heilige Land, um ihre Zeit und ihre Fähigkeiten in den Dienst von jüdischen oder arabischen Hilfsorganisationen und Einrichtungen zu stellen. Sie leisten einen unschätzbaren Dienst, z.B. in der Betreuung behinderter arabischer Kinder, jüdischer Kinder oder in der Pflege älterer Menschen. Durch diese Menschen segnet Gott die Bewohner des Heiligen Landes. Und die Volontäre selbst erfahren auch Segen – durch die Begegnungen mit dem Land und seinen Menschen; durch die Erfahrung, dass hier christliches Erbe lebendig und spürbar wird; durch die Begegnung mit den Orten, an denen schon Jesus gewirkt und sich den Menschen in Liebe und Fürsorge zugewandt hat.

Vater,
danke für die vielen, vielen Christen aus aller Welt,
die ins Heilige Land kommen,
um hier zu leben und zu arbeiten
und die ihre Fähigkeiten einbringen
im Dienst an arabischen und jüdischen Menschen.

Danke,
dass sie das Land segnen
durch ihren Einsatz und ihre Hingabe
und dass sie so oft Licht hineinbringen
in das Leben eines behinderten Kindes
oder in den Alltag eines älteren Menschen.

Herr,
bewahre sie an jedem Tag.
Schenk ihnen immer wieder Geduld
im Umgang mit denen, die ihnen anvertraut sind.
Gib ihnen Mut,
auch die schwierigen Alltagssituationen
zu meistern,
und die Gnade, etwas von Deiner Liebe
und Deinem Erbarmen
an die Menschen um sie herum weiterzugeben.

Vater,
danke auch für die vielen Gemeinden
von Christen aus aller Welt,
die gesegnet werden durch ihre Anwesenheit
im Heiligen Land
und die das Heilige Land segnen
durch ihre betende und handelnde Gegenwart.

Hilf,
dass sie Licht und Salz sein können
für die Gesellschaft, in der sie leben;
hilf,
dass sie durch die Kraft Deines Geistes
etwas zum Guten verändern können.
Mach sie zu Lichtern an einem dunklen Ort,
die anderen leuchten können,
damit sie den Weg zum Leben finden.

Kinder ohne Zukunft?

Jesus hat ein großes Herz für Kinder. Er hat sich für sie Zeit genommen, ihre Bedürfnisse ernst genommen, ihnen zugehört, sie gesegnet. Er hat keinen Unterschied gemacht, alle waren ihm gleich wichtig. Er liebt die Kinder des Heiligen Landes, alle, ohne Unterschied. Er sieht z.B. die Kinder aus christlich-arabischen Familien, die es mitunter besonders schwer haben. Sie sitzen buchstäblich zwischen allen Stühlen. Für manche muslimischen Nachbarn sind sie und ihre Familien keine „richtigen" Araber, für manche ausländischen Christen keine „richtigen" Christen und für manche jüdischen Israelis sind sie suspekt, weil sie Araber sind.

Viele dieser Kinder haben schon in jungen Jahren eine ganze Menge an Gewalt und Gegengewalt erlebt. Sie wachen nachts weinend auf, weil sie traumatisiert sind von durchlebten Schrecken. Sie haben manchmal Bitterkeit und Wut in ihren Herzen, weil sie keine Zukunft für sich sehen.

Jesus kennt das, was in ihren Kinderseelen vor sich geht. Er will ihnen Zukunft und Hoffnung schenken; er will ihnen helfen, dass sie es einmal besser haben und besser machen als ihre Eltern; er will sie zu Botschaftern der Versöhnung berufen.

Herr,
Du hast die Kinder in Dein Herz geschlossen,
damals wie heute.

Ich bitte Dich für die palästinensischen Kinder,
die gerne spielen und fröhlich sind wie andere auch,
die davon träumen, was sie einmal werden möchten,
welche Länder sie kennen lernen wollen,
welche Abenteuer erleben.

Ich bitte Dich für die Kinder,
die traumatisiert und erschüttert sind,
weil ein Panzer ihr Zuhause eingeebnet hat,
ein Geschoss ihr Heim durchlöchert hat
oder ein Bruder bei einem Feuergefecht
ums Leben kam.

Ich bitte Dich für die Kinder,
die so früh schon ihre Träume verloren haben,
vor der Zeit erwachsen geworden sind,
verletzt und gedemütigt in ihrer Würde,
Opfer eines tödlichen Konflikts
... und manchmal auch Täter.

Ich bitte Dich für die Kinder,
die so früh schon resignierten
und gelernt haben,
leidenschaftlich zu hassen;
die so verzweifelt sind,
dass sie sich einreihen in den Teufelskreislauf
von Gewalt und Gegengewalt.

Herr,
ich bitte Dich, dass Du sie bewahrst vor Menschen,
die ihre Feindbilder noch verstärken,
die sie lehren, zu kämpfen bis in den Tod
und ihr Leben wegzuwerfen.

Herr,
bewahre ihre Seelen,
damit sie von niemandem gestohlen werden können.
Heile ihre verwundeten Kinderherzen.

Zeig Dich ihnen als ihr Freund,
der sie heute wie damals zu sich ruft,
sie segnet und in sein Reich einlädt.

Kinder ohne Vertrauen?

Manchmal sehe ich kleine jüdische Jungen vor ihrer Schule spielen. Dann freue ich mich über ihre Ausgelassenheit und Unbekümmertheit. Sie spielen wie palästinensische Kinder auch. Aber auch sie haben eine ungewisse Zukunft vor sich. Welchen Weg werden die beiden Völker gehen? Werden sie eines Tages lernen, in Frieden miteinander zu leben? Davon hängt das Morgen, die Zukunft dieser jüdischen Kinder ab, ebenso wie die Zukunft der palästinensischen Kinder.

Jüdische Kinder sind, wie die palästinensischen auch, beeinflusst durch das, was täglich im Heiligen Land an Gewalt geschieht. Sie bemerken die Angst ihrer Eltern, die sich sorgen, ob der Schulbus noch sicher ist. Sie sehen ihre großen Brüder und Schwestern, wie sie sich nicht mehr unbekümmert in ein Cafe setzen können aus Angst vor einem neuen Bombenanschlag. Das Misstrauen der Großen untereinander schleicht sich auch in ihre Herzen. Lasst uns dafür beten, dass mehr und mehr Freundschaften entstehen zwischen jüdischen und palästinensischen Kindern. Lasst uns dafür beten, dass es Orte gibt, wo sich diese Kinder in einer Atmosphäre des Vertrauens begegnen können und lernen, im anderen nicht den Feind, sondern den Freund zu sehen.

Herr,
Du hast die Kinder geliebt
und Dir in Deiner Beziehung zum Vater
immer das Herz eines Kindes bewahrt.

Ich bitte Dich für die jüdischen Kinder,
die gerne spielen und fröhlich sind
wie die arabischen Kinder auch.

Du weißt, wo sie in Gefahr stehen,
negativ beeinflusst zu werden,
eingenommen zu werden
gegen ihre arabischen Nachbarn.

Du weißt, wo sich das Misstrauen
und die Resignation der Erwachsenen
in ihre Kinderseelen eingeschlichen haben.

Hilf ihnen, mit ihren jungen arabischen Nachbarn
Freundschaften zu schließen,
im Kleinen das zu leben,
was die Großen nicht schaffen.

Hilf ihnen, Vertrauen zu fassen,
offen zu sein für das, was sie nicht kennen,
ohne Vorurteile dem gegenüber,
der anders ist als sie.

Ich danke Dir für die Schulen
und Kindergärten und Gemeinden,
wo das schon passiert,
wo Orte und Gelegenheiten geschaffen werden,
dass arabische und jüdische Kinder
zusammenkommen,
miteinander spielen und Freunde werden können.

Danke für die Orte,
an denen sie einfach nur Kinder sein können
und nicht Feinde.
Danke für die Momente,
in denen an ihren Freundschaften sichtbar wird,
was Du mit allen vorhast,
den Kleinen und den Großen,
den Juden und den Arabern:
ein vertrauensvolles Miteinander
von Menschen, die den Reichtum
ihrer unterschiedlichen Erfahrungen
in die gegenseitige Beziehung einbringen.

Würdevolle, liebenswerte Frauen

Jesus liebt Frauen – wie ein Bruder, wie ein Vater, wie ein guter Freund. Und Jesus liebt Männer, keine Frage. Dennoch ist das folgende Gebet ein Gebet speziell für die Frauen im Heiligen Land. Ich glaube, dass Frauen gerade in diesem kulturellen Umfeld viel Ermutigung und Kraft brauchen, um ihre Würde und Selbstachtung zu behalten oder neu zu finden. Es gibt so viel Druck und so viele Erwartungen, denen Frauen hier ausgesetzt sind – durch die Traditionen, durch ihre Großfamilie, durch ihre Nachbarn und Freunde, und auch durch sich selbst.

Jesus ist gekommen und für uns gestorben, damit wir ihm alles geben können, was uns Mühe macht. Jesus bietet uns einen Ort und eine Zuflucht, wo wir nicht in erster Linie nach unserem beruflichen Erfolg, unseren Familienbanden, unseren Kindern, unserem Aussehen, unseren Kochkünsten oder unserer politischen Einstellung beurteilt werden, sondern einfach s e i n dürfen – nämlich Gottes geliebte Töchter, Freundinnen von Jesus und Botschafterinnen seiner Hoffnung und seines Friedens. Und das gilt überall, nicht nur im Heiligen Land.

Jesus,
Du warst ein Freund der Frauen.
Du hast sie geachtet und geliebt,
Du hast sie ernst genommen und gewürdigt,
als Du Frauen wie Maria und Johanna
zu Zeugen für Deine Auferstehung machtest.

Jesus,
Du bist ein Freund der Frauen.
Sie sind bei Dir sicher und geborgen.

Du beauftragst sie, im Beruf, in der Familie,
bei ihren Freunden Deine Botschafter zu sein.

Herr,
ich bitte Dich, dass du
den Frauen des Heiligen Landes
nahe kommst, dass sie Dich kennen lernen
und Deinen Segen und Deine Kraft mitten in ihrem
Alltag erfahren –
die arabischen und jüdischen Frauen,
die europäischen Frauen,
die in diesem Land zu Gast sind,
die deutschen und österreichischen Frauen,
die mit jüdischen oder arabischen Männern
verheiratet sind,
die Frauen aus aller Welt, die in diesem Land ihre
Heimat gefunden haben.

Du weißt, was sie alles auf ihren Schultern tragen
und was von ihnen erwartet wird:
erfolgreich im Beruf,
gute Köchinnen, fürsorgliche Mütter,
liebevolle und loyale Ehefrauen zu sein.

Herr,
es scheint mir, als ob gerade auch die arabische und
jüdische Gesellschaft
zu einem großen Teil von Frauen
getragen und gehalten wird –
und wer hält sie, all diese großartigen Frauen,
die für so vieles
gleichzeitig Verantwortung tragen?
Herr, Du vergisst sie nicht!
Hilf ihnen tragen, dass sie nicht
unter ihrer Last zusammenbrechen.
Hilf, dass sie in Dir den kennen lernen,
von dem es heißt:
„Alle eure Sorge werft auf ihn; denn er sorgt für euch!"
(1. Petrus 5,7)

Segne sie, damit sie ihre Kinder segnen können
und deren Seelen vor dem Hass auf „die anderen"
und die Verzweiflung über die Situation
beschützen lernen.
Segne die arabischen Mütter, dass sie ihre Kinder zu
Menschen erziehen,
die ihr Leben nicht wegwerfen,
um einen heiligen Krieg zu führen,
sondern auch in der dunkelsten Lage
die Hoffnung nicht aufgeben –
die Hoffnung auf Frieden und Versöhnung
mit ihren jüdischen Nachbarn.

Segne die jüdischen Mütter, dass sie ihre Kinder dazu
erziehen,
die arabischen Menschen in ihrer Mitte zu achten,
sie zu ehren und zu verstehen.
Hilf ihnen, dass sie ihre Kinder dazu befähigen,
Erwachsene zu werden,

die sich nicht auf militärische Stärke verlassen
und trotz aller Frustration und Rückschläge
immer wieder versuchen,
eine Brücke zu ihren arabischen Nachbarn zu bauen.

Herr, ohne Dich
schaffen sie es nicht, all diese mutigen,
starken Frauen und Mütter.
Gib ihnen Kraft für jeden neuen Tag
und den Mut, unkonventionelle Wege zu gehen.
Hauche ihnen Deinen Geist ein,
der sie befähigt, sich für neues Leben
und Frieden einzusetzen
in ihrer Familie, in Freundschaften,
an ihrem Arbeitsplatz,
in ihrer Gesellschaft.

Herr, Du gibst den Frauen, was niemand sonst
ihnen geben kann:
Würde und Schönheit vor Dir,
Gelassenheit und Geduld,
Liebe und den Mut,
die eigenen Grenzen zu kennen
und die Grenzen der anderen zu wahren.

In Dir erst erfahren wir,
wer wir wirklich sind.
In Deiner Gegenwart verblassen
alle falschen Erwartungen,
die andere oder wir selbst an uns haben.

In Dir können wir zur Ruhe kommen
und „Ja" sagen zu uns selbst.

Menschen in der Grabeskirche

Unser Haus liegt nahe an der Grabeskirche, die auch Auferstehungskirche genannt wird. Im Alltag vergesse ich, welches Vorrecht es ist, in wenigen Minuten an dem Ort zu sein, an dem Jesus gelitten hat, gestorben und wieder auferstanden ist. Ich gehe mit meinen Einkaufstüten vorbei und denke daran, was ich noch alles erledigen will. Aber manchmal bleibe ich auch staunend vor der uralten Kirche stehen und nehme mir fest vor, noch einmal herzukommen. Dieses Mal dann aber nicht, um vorbei-, sondern um hineinzugehen, die Atmosphäre dieses Ortes aufzunehmen und mit Jesus zu sprechen.

Viele, viele Menschen kommen seit fast 2.000 Jahren hierher. Die Freunde von Jesus und die erste Gemeinde der Christen in Jerusalem behielten den Ort von Jesu Kreuzigung und Auferstehung ganz fest im Gedächtnis und im Herzen. Sie besuchten und überlieferten ihn von Generation zu Generation. Im 2. Jahrhundert ließ der heidnische Kaiser Hadrian diesen Ort zuschütten und mit einem römischen Tempel überbauen, um die Erinnerung und den Glauben an Jesus auszulöschen. Doch fast 200 Jahre später ließen der christliche Kaiser Konstantin und seine Mutter Helena den Felsen Golgatha und das Grab wieder freilegen. Alle christlichen Einwohner Jerusalems halfen dabei mit. Eine riesige Basilika wurde über dem ganzen Areal gebaut. Sie muss einmal sehr schön gewesen sein. Im Laufe der Jahrhunderte wurde sie jedoch immer wieder durch Kriege und Naturkatastrophen zerstört, wieder aufgebaut, zerstört, ...

Deshalb bietet die Grabeskirche dem Besucher heute nicht unbedingt einen edlen oder schönen Anblick. Vielleicht ist sie mit ihrem Äußeren ein Spiegelbild des Gekreuzig-

ten und Auferstandenen, von dem es heißt: „Er hatte keine Gestalt und Hoheit. Wir sahen ihn, aber da war keine Gestalt, die uns gefallen hätte." (Jesaja 53,2)
Wer sich aber etwas Zeit nimmt, entdeckt die verborgene Schönheit dieser Kirche und der Menschen, die in ihr Gott suchen und anbeten. Mit ihren vielen Altären und Kapellen spiegelt die Auferstehungskirche die Vielfalt und den Reichtum des Leibes Christi wider: die unterschiedlichsten Glaubensgemeinschaften feiern und beten hier. Mit ihren wiederholten Aufbau-, Zerstörungs- und Wiederaufbauphasen ist sie für mich auch ein Symbol für die Hochs und Tiefs, die guten und die schlechten Tage im Leben von Menschen, die Jesus nachzufolgen versuchen.
Man trifft so viele unterschiedliche Menschen in der Grabeskirche: Menschen, die interessiert, aber distanziert alles betrachten. Oder Menschen, die von weither kommen, weil sie auf der Suche nach Gott sind und ihn und seinen Segen hier zu finden hoffen. Oder Menschen, die eine lebendige Beziehung zu Gott haben und in diese Kirche kommen, um über das Sterben und die Auferstehung von Jesus nachzudenken und mit ihm zu reden. Jerusalem und gerade auch die Auferstehungskirche bieten die Chance, dass Menschen hier ins Fragen kommen und sich ganz neu oder zum ersten Mal mit dem Glauben auseinander setzen.

Herr,
Du lässt Dich nicht in Gebäuden einfangen,
die von Menschen gemacht sind.
Und dennoch entscheidest Du Dich dafür,
den Menschen zu begegnen,
die in ihnen zusammenkommen,
um Dich zu suchen, Dich zu feiern,
Dich anzubeten.

Herr,
ich bitte Dich, dass Du Dich den Menschen
in der Grabeskirche zeigst,
die dort Tag für Tag ein- und ausgehen
oder sie nur einmal in ihrem ganzen Leben
besuchen.

Du siehst, wie weit ihr Weg
bis an diesen Ort gewesen ist,
ihr innerer und ihr äußerer Weg.
Du weißt, was sie mit sich herumtragen –
welche Fragen, welche Zweifel, welche Wut auf Dich,
welches Leid, welche Traurigkeit,
welche Freude und welche Liebe für Dich.

Du siehst ihnen ins Herz,
vorbei an dem für mich
manchmal fremden Äußeren
und den ungewohnten Ritualen,
mit denen sie ihren Glauben ausdrücken.

Du siehst die russisch-orthodoxe Frau,
die unter dem Kreuz kniet
und andächtig den Felsen Golgatha berührt.
Du hörst ihr stilles Gebet
und weißt, was sie braucht.
Du siehst die Gruppe von Pilgern aus Griechenland,
die sich um den Salbungsstein drängen
und ihn mit den Taschentüchern
ihrer Lieben zu Hause abreiben,
um etwas Heiliges und Segen
mit nach Hause zu bringen.
Auch wenn es mir fremd ist –
Du kennst das Bedürfnis,
das hinter diesen scheinbaren Äußerlichkeiten steht:

das Bedürfnis, dem lebendigen Gott
hautnah zu begegnen.
Du kannst dieses Bedürfnis stillen
– weit über das hinaus,
was die Pilger sich erträumen.
Erfüll sie neu mit Deinem Heiligen Geist,
damit sie ihren Familien zu Hause
ein Segen sein können.

Du stehst neben der mittellosen äthiopischen Frau,
die oft hierher kommt,
eingehüllt in lange dunkle Tücher,
die ehrfurchtsvoll von fern auf das Kreuz schaut
und ihre Lippen in stillem Gebet bewegt.
Du kennst ihre Leiden und ihre Freuden,
ihre Armut und den Reichtum,
den sie in Dir gefunden hat.
Mach sie zu einer glücklichen,
gesegneten Frau.

Herr Jesus,
begegne all den Menschen,
die in der reich geschmückten
Kapelle auf dem Hügel Golgatha stehen
und sich wundern, was das alles soll
und wo hier Gott zu finden ist.
Zeig ihnen, dass Du hier an diesem Ort,
der vor 2.000 Jahren ein kahler Felsen,
eine Müllhalde außerhalb der Tore von Jerusalem war,
für sie gestorben bist,
damit sie all ihre Schuld und Last abladen
unter Deinem Kreuz
und neu beginnen können.

Herr Jesus,
begegne den Menschen,
die vor dem engen Eingang
zu Deinem Grab stehen,
die hineingehen und unter dem Marmor
die einfache nackte Steinbank suchen,
auf der Du gelegen hast.
Lass die Sonne des Auferstehungsmorgens
in ihre Herzen strahlen,
damit sie ganz gewiss sein können:
Du bist nicht mehr hier,
Du bist auferstanden
und lebst, um ihnen Leben zu geben.

Lass all diese Menschen von hier fortgehen
wie die Frauen und Männer damals
am Ostermorgen
und Hoffnung und Zuversicht in die Welt tragen.

Menschen mit großer Verantwortung

Politiker sind Menschen mit großer Verantwortung. Ihnen ist viel anvertraut und es wird auch viel von ihnen gefordert. Menschen auf der israelischen und der palästinensischen Seite haben hohe Ansprüche an ihre Staatsoberhäupter, Regierungsmitglieder, führenden Politiker. Sie erwarten alles Mögliche und ich glaube, die Erwartungen sind oft sogar recht ähnlich. Ihre Politiker sollen Stärke beweisen und Sicherheit gewährleisten in den gegenwärtigen Krisenzeiten, sie sollen sich nicht von ihren Verhandlungspartnern einschüchtern lassen, so wenig wie möglich und gerade so viel wie nötig Zugeständnisse machen.

Ich glaube aber, dass es letztlich das ist, was die Mehrheit der arabischen und jüdischen Menschen will, weil dieser Wunsch in uns allen steckt, sei es im Nahen Osten, in Europa oder anderswo: einfach in Frieden zu leben, sich und den eigenen Kindern ein gutes Leben und eine ordentliche Ausbildung zu ermöglichen, ein funktionierendes Gesundheitssystem und eine einigermaßen gesunde Wirtschaft zu haben. Sicher macht ein wirklich glückliches Leben noch mehr aus, aber wenn diese Faktoren gegeben wären, dann gäbe es wohl weniger Menschen auf beiden Seiten, die deprimiert, frustriert, voller Wut und gewaltbereit sind. Regierende überall auf der Welt brauchen unser Gebet und ganz besonders die israelischen und palästinensischen Politiker, wenn ein friedliches konstruktives Zusammenleben im Heiligen Land real werden soll.

Vater,
danke für all das,
was Du in vergangenen Jahren
durch Staatsmänner auf beiden Seiten
und im gesamten Nahen Osten
an Gutem für die Völker des Heiligen Landes
getan hast.

Danke für die besseren Zeiten,
in denen es Aufbrüche
zum Verständnis und zum Frieden gab.

Danke für all das,
wo Du kleine und große Wunder tust
bei arabischen und jüdischen Menschen,
Wunder, von denen wir
vielleicht nie erfahren werden
und die dennoch passieren:
wenn Politiker konstruktiv zusammenarbeiten
und hinter den Kulissen
an einer friedlichen Koexistenz bauen.

Wenn sich Palästinenser und Juden gemeinsam
für eine heilere und gerechtere Gesellschaft engagieren.
Vielleicht sind es nicht mehr viele,
die sich noch den langen Atem bewahrt haben
und sich in Organisationen
und Bildungseinrichtungen
treffen und vorsichtig Schritte miteinander gehen.
Aber es gibt sie noch, und das macht mir Hoffnung.

Vater,
es tut gut, auch einmal auf das Positive
und Ermutigende zu schauen,
selbst wenn es mikroskopisch klein erscheint
im Vergleich zu den Problemen,
die sich wie ein großer Berg
in diesem Land auftürmen.
Oft weiß ich nicht mehr,
wie ich beten soll,
wenn ich die jetzige Situation,
die so festgefahren erscheint,
betrachte.

Wenn ich höre,
dass wieder einmal Verhandlungen
und Friedensgespräche gescheitert sind,
dann ist es schwer, nicht zynisch und hoffnungslos
zu werden.
Und es ist schwer, nicht daran zu zweifeln,
dass Du immer noch die Macht hast,
die Situation zum Guten zu wenden.

Vater,
ich will nicht zynisch werden oder an Dir zweifeln.
Es gibt viele Dinge, die ich nicht verstehe.
Eines Tages werde ich Dich danach fragen,

wenn ich Dich von Angesicht zu Angesicht sehe.
Aber in der Zwischenzeit will ich fest darauf vertrauen,
dass Du dieses Land,
in dem Dein Sohn gelebt hat,
nicht vergisst,
sondern dass Du treu bist
und eingreifst.

Menschen sind nicht Deine Marionetten,
sie haben einen freien Willen
und können sich für das Gute, aber auch für das Böse
entscheiden.
Ich bitte Dich,
dass Du die israelischen
und palästinensischen Politiker
mit Deinem Geist berührst und erfüllst,
Deinem Geist, der Weisheit
für die richtigen Entscheidungen gibt,
der Menschen zueinander bringt,
der das allzu Menschliche transzendiert
und eine weitere Perspektive
und ein größeres Herz schenkt.

Vater,
die Regierenden im Heiligen Land brauchen Dich,
lass sie nicht allein.
Schenk diesem Land und seinen Menschen
und ganz besonders denen,
die viel gesellschaftlichen Einfluss haben,
Dein Erbarmen und Deine Liebe
und lass sie lernen, selbst barmherzig
und liebevoll zu sein,
„klug wie die Schlangen und ohne Falsch wie die
Tauben". (Matthäus 10,16)

„Hast du mich lieb?" – Menschen auf der Suche

Viele Touristen und Pilger besuchen nicht nur Jerusalem, sondern auch den See Genezareth und die Orte, an denen Jesus gewesen ist. Einen Ort am See Genezareth habe ich ganz besonders ins Herz geschlossen. Dort sieht man alte Steinstufen aus römischer Zeit, die zum See hinunterführen. Einige Säulenreste ragen aus dem Uferkies. Eine kleine Steinkirche überdacht einen großen flachen Felsen, der seit vielen Jahrhunderten von Christen als der Ort verehrt wird, an dem Jesus seine Freunde nach einer langen arbeitsreichen Nacht mit Fischen und Brot empfing. „Mensa Domini" wird dieser Fels genannt, der „Tisch Christi", und der Ort „Petri Schiffstelle". Denn hier, so erinnern sich die Christen seit dem 4. Jahrhundert, war es, dass der auferstandene Jesus seine Freunde wieder traf und eine, wie ich finde, ganz außergewöhnliche Begegnung mit Petrus hatte:

Petrus und einige der anderen Freunde von Jesus sind gerade beim Fischen. Wegen der warmen Quellen, die ganz in der Nähe in den See münden, gibt es hier normalerweise viele Fische. Doch sie fangen nichts. Erst als ein scheinbar Fremder in den frühen Morgenstunden am Ufer auftaucht und ihnen einen Tipp gibt, machen sie einen reichen Fang. Da erst erkennt einer von ihnen, wahrscheinlich der junge Johannes, dass es Jesus ist, der am Ufer steht. Als Petrus das hört, zögert er nicht. Er wirft sich samt Kleidung ins Wasser und schwimmt und watet an Land, so schnell er kann. Er kann es nicht abwarten, Jesus wiederzusehen. Es drängt ihn förmlich mit aller Macht zu Jesus hin. Er will nicht warten, bis die anderen an Land gerudert sind. Er will als Erster bei Jesus sein.

Im Neuen Testament lesen wir nichts davon, dass Petrus nach seinem Verrat an Jesus noch einmal ganz persönlich mit ihm sprechen konnte. Vielleicht will er das nun, obwohl er Angst hat, wie Jesus ihn empfangen wird. Doch als sie sich begegnen, hat Jesus nur eine Frage: „Hast du mich lieb?" (Johannes 21,16)

Ich glaube, dass viele Menschen ins Heilige Land kommen, weil sie tief in ihrem Herzen auf der Suche sind nach einer lebendigen Begegnung mit Gott. Es drängt sie, hierher zu kommen, und sie werfen sich so wie Petrus ins „kalte Wasser". Wie er bringen sie alles Mögliche mit: Versagen, Scheitern, Fragen, Zweifel, Angst ... Doch sie wollen Gott kennen lernen, ganz persönlich, und erhoffen sich, dass das hier im Heiligen Land geschieht. Und tatsächlich: Obwohl uns Gott an jedem Ort der Welt begegnen kann, ist er gnädig und berührt diese Menschen gerade hier im oft so unheiligen Heiligen Land.

Lasst uns dafür beten, dass Menschen, die für kürzer oder länger hierher kommen – Pilger, Touristen, Volontäre, Mitarbeiter in verschiedenen Organisationen – eine Begegnung mit Gott und mit Jesus haben, die ihr Leben verändert. Lasst uns dafür beten, dass sie, wenn sie heilige Stätten besuchen oder Christen im Land treffen, einen Blick in Gottes Herz tun können. Lasst uns beten, dass sie die Stimme von Jesus hören, die sie fragt: „Hast du mich lieb?"

Herr Jesus,
Du bist Gottes Sohn,
und dennoch hast Du als Mensch gelebt,
greifbar und sichtbar unter uns
vor 2.000 Jahren im Heiligen Land.

Du hast den Körper
und alles Geschaffene nicht verachtet,
warst ein kleiner Junge in den Straßen von Nazareth,
ein erwachsener Mann im Haus
von Petrus in Kapernaum
und bist zurückgekehrt in Dein geliebtes Galiläa
an den See Genezareth
nach Deiner Auferstehung.

Du weißt,
dass viele Menschen ins Heilige Land kommen,
um Deinen Spuren zu folgen
in Nazareth, in Kapernaum,
am See Genezareth und anderswo.
Du siehst ihr Herz und
Du verstehst ihre Sehnsucht,
den lebendigen Gott zu finden
unter all den Steinen, dem Staub,
dem Marmor in Kirchen und Kapellen,
aber auch in der Schönheit und der Stille
am See Genezareth.

Sei ihnen gnädig
und zeig ihnen etwas von Dir
inmitten all der Steine,
dem Staub und dem Marmor.
Begegne ihnen durch „lebendige Steine"
wie die arabischen Christen in Nazareth,
die Dich lieben und an Deinem Reich bauen.
Begegne ihnen in den Ruinen von Kapernaum,
in der Stille am Berg der Seligpreisungen,
im Gottesdienst bei den Benediktinern in Tabgha –
da, wo Du so viele Menschen gespeist hast,
mach sie satt mit Deinem Geist.
Begegne ihnen am Ufer des Sees Genezareth,

und im Murmeln seiner Wellen am Ufer
frag sie: „Hast du mich lieb?"

Lass sie nicht so wieder zurückkehren,
wie sie gekommen sind.
Verändere sie durch eine Begegnung
mit Deinem Land,
mit den Orten, an denen Du gewesen bist,
und durch die Begegnung
mit Deiner lebendigen Kirche aus vielen Nationen.

An der Klagemauer – Menschen mit ungestillter Sehnsucht

Die Klagemauer in Jerusalem ist für Juden, aber auch für Christen ein sehr bedeutsamer Ort. Sie ist ein Teilstück der westlichen Umfassungsmauer des Tempels von Herodes, der im Jahr 70 n.Chr. zerstört wurde. Die Klagemauer gilt als das Mauerstück, das dem Allerheiligsten des Tempels besonders nahe war.

Als Christen erinnern wir uns daran, dass es derselbe Tempel ist, in den Jesus schon als Junge gegangen ist und wo er den Schriftgelehrten zugehört hat; der Tempel, in dem er so gerne war, weil er seinen himmlischen Vater dort anbeten konnte; der Tempel, in dem er später auch selbst als Rabbi seine Freunde unterrichtet hat. Dieses Gebäude muss sehr schön und beeindruckend gewesen sein, eines der Wunder der damaligen Welt. Doch Jesus sagte seinen Freunden voraus, dass der Tempel eines Tages zerstört werden wird. Das war für sie unfassbar, denn der Tempel war ihrer Ansicht nach das Größte. Jesus wusste, dass es Größeres als den Tempel gibt und dass er eines Tages nicht mehr nötig sein wird.

Nach seiner Auferstehung hat Gott den Heiligen Geist auf alle seine Freunde ausgegossen. Auch heute noch will Gottes Geist in jedem wohnen, der sich für ihn öffnet. Paulus schreibt in seinem ersten Brief an die Gemeinde in Korinth: „Wisst ihr nicht, dass ihr Gottes Tempel seid und der Geist Gottes in euch wohnt?"(1. Korinther 3,16) Als Christen glauben wir, dass der Tempel nicht mehr nötig ist, weil seit Jesus jeder durch Gottes Geist zu einem Tempel werden kann, zu einem Haus, in dem Gott wohnt. Als Christen glauben wir auch, dass jeder in Jesus und durch den Heiligen Geist einen unmittelbaren Zugang zu Gott hat. Gott ist nur ein Gebet weit von uns entfernt.

Dennoch habe ich, als ich das erste Mal an der Klagemauer stand, voller Ehrfurcht die großen Steinquader berührt. „Diese Steine", dachte ich, „gehörten zum Tempelbezirk, in dem Jesus oft gewesen ist. Ich wünschte, ich wäre dabei gewesen, hätte Jesus zuhören, ihn sehen, ihn berühren können."

Doch ich wusste: Die Sehnsucht, mit der ich an der Klagemauer stand, kann letztlich kein Gebäude ausfüllen, in dem Jesus einmal gewesen ist. Diese Sehnsucht können keine Steine stillen, die die Hand von Jesus vielleicht einmal berührt hat. Mit meiner Sehnsucht muss ich zur lebendigen Quelle gehen, an der allein mein Durst gestillt wird: zu Gott, zu Jesus, zum Heiligen Geist.

Viele Menschen stehen Tag für Tag an den letzten sichtbaren Überresten des damaligen Tempelbezirks: der Klagemauer – viele Juden, aber auch viele Christen aus allen Nationen. Manche kommen regelmäßig, andere sind von weither gekommen, nur um einmal in ihrem Leben an der Klagemauer zu stehen, ihre Steine zu berühren und dort zu beten. Sie haben eine tiefe Sehnsucht im Herzen, Sehnsucht nach enger Gemeinschaft mit Gott, Sehnsucht danach, Gott zu sehen, wie er wirklich ist, Sehnsucht danach, Gott zu erleben.

Manche stecken kleine Zettelchen zwischen die Fugen der Steinquader, auf die sie ihre Gebete geschrieben haben. Und sie hoffen, dass Gott sie auf diesem Weg erhört und ihnen antwortet.

In der Jerusalemer Sammelstelle für unzustellbare Post kommen fast jeden Tag Briefe aus aller Welt an, die einfach „an Gott" adressiert sind. Einige der Angestellten dort nehmen ihre Aufgabe so ernst, dass sie die Briefe mit den Gebeten vollkommen fremder Menschen mit an *die Klagemauer nehmen, um auch sie zwischen die Fugen der Steinquader zu stecken. Lasst uns für die Menschen beten, die Tag für Tag an die Klagemauer kommen mit ihren Gebeten, Fragen und Sehnsüchten. Lasst uns Gott bitten, dass sie eine Erfahrung mit seinem Geist machen, der nicht an Orte und Gebäude gebunden ist, sondern in ihrem Leben Einzug halten und sie mit Gott verbinden will. Als Christ möchte ich all diese Menschen, egal ob Juden, Christen oder Menschen aus anderen Religionen, segnen. Und ich glaube von Herzen, dass nur Gott der Vater, Gott der Sohn und Gott der Heilige Geist ihre tiefsten Sehnsüchte stillen kann.*

Vater im Himmel,
Du wohnst nicht in Häusern,
die Menschen gebaut haben.
Du möchtest in jedem von uns wohnen
und in unser Lebenshaus einziehen
mit Deiner Fülle, Deiner Lebendigkeit und Heiligkeit,
Deiner Gnade und Deinem Erbarmen.

Vater,
segne all die Menschen,
die Tag für Tag, Jahr für Jahr
oder nur einmal in ihrem Leben
an die Klagemauer kommen,
um Dich dort zu suchen.
Lass sie eine lebendige Erfahrung
mit Dir machen.
Berühre sie mit Deiner Liebe und Gnade,
wenn sie vor den großen Steinquadern stehen
und sich fragen:
„Wo ist Gott? Wie ist Gott? Ist er hier zu finden?
Wird er mir antworten?"

Zeig ihnen,
dass Du bei ihnen sein willst
in Deinem Sohn Jesus
und durch Deinen Geist,
jeden Tag und überall,
an welchem Ort auch immer,
bis ans Ende der Welt.

Gieß auch heute Deinen Geist aus,
so wie Du es damals in Jerusalem getan hast
an einem Ort nicht weit vom Tempel.
Gieß Deinen Geist aus
über die Menschen an der Klagemauer,
die Dich von Herzen suchen.
Du willst Dich von ihnen finden lassen.
Du möchtest ihr Herz und ihr Leben,
ihre ganze Persönlichkeit
zu einem Heiligtum für Dich machen.

Traumatisiert

Der Alltag im Heiligen Land ist mitunter ein tägliches Trauma, besonders für die zwei Völker, die hier miteinander zu leben versuchen und es doch so oft nicht schaffen. Palästinensische und israelische Menschen machen jeden Tag traumatisierende Erfahrungen, mal mehr, mal weniger.

Da ist z.B. der alte muslimische Mann, der am Freitag zum Gebet in die Altstadt von Jerusalem gehen will. Er muss sich in eine Warteschlange einreihen, weil der Zugang zum Damaskustor abgeriegelt und nur durch einen schmalen Einlass möglich ist. Ein junger israelischer Soldat kontrolliert ihn, als er endlich an der Reihe ist. Das demütigt ihn.

Oder da ist die junge jüdische Frau, die am Vorabend ihrer Hochzeit mit ihrem Vater in ein schönes Cafe geht. Der Vater ist von einer wichtigen Konferenz in New York extra früher zurückgekommen, um bei seiner Tochter zu sein. Sie haben noch viel zu besprechen, denn morgen ist ein großer Tag. Doch dann sterben beide von einer Sekunde auf die andere durch einen palästinensischen Selbstmordattentäter, der sich im Cafe in die Luft sprengt.

Da sind die arabischen Bauern, die dringend ihre Ernte einbringen müssen, von der ihre Existenz abhängt. Aber weil man eine Mauer zwischen ihrem Dorf und ihren Feldern errichtet hat, ist das sehr schwierig geworden. Am Morgen versammeln sie sich vor einem der wenigen Tore in der Mauer und müssen oft lange warten, bevor sie durchgelassen werden. Nicht selten übernachten sie draußen auf ihrem Land, weil die israelischen Soldaten bei ihrer Rückkehr vom Feld das Tor bereits geschlossen haben und erst am Morgen wieder öffnen.

Oder da sind die israelischen Teenager, die nach jeder neuen Bombe erst einmal mit ihren Handys Freunde und Verwandte anrufen, um sicherzugehen, dass keiner von ihnen am Ort des Anschlags war. Sie überlegen sich zweimal, ob und in welches Cafe sie gehen oder ob es sicher ist, das große Straßenfest in Jerusalems Ben Yehuda zu besuchen.

Es gibt noch viele ähnliche alltägliche und doch außergewöhnliche Erlebnisse von Leid und Schmerz, auf beiden Seiten. Das geht nicht spurlos an der Seele oder Psyche der Menschen vorbei. Das Heilige Land beherbergt zwei Völker, die traumatisiert sind von Jahren der Angst, des Misstrauens, des Hasses und der Gewalt. Schon kleine Kinder werden in den Konflikt hineingezogen und leiden unter den Folgen von traumatischen Erfahrungen. Nicht selten wird ihnen beigebracht, im anderen den „Feind" zu sehen. Was werden sie tun, wenn sie erst erwachsen sind?

Zwei Völker brauchen Heilung. Besonders im israelischen Bereich gibt es einige Anlaufstellen für die, die Hilfe für die Aufarbeitung ihres Traumas in Anspruch nehmen wollen. Lasst uns für die Psychologen beten, die dort arbeiten, dass sie diesen Menschen helfen können. Und lasst uns Gott bitten, dass weitere solcher Hilfsangebote auch im palästinensischen Bereich entstehen. Lasst uns für die Therapeuten aus anderen Ländern beten, die im Rahmen von Entwicklungshilfeprojekten schon unter Palästinensern arbeiten. Sie investieren ihre Zeit und Kraft, um Kindern und Erwachsenen professionelle Hilfe anzubieten. Sie wollen einen konstruktiven Beitrag zur Lösung des Konfliktes leisten. Das ist sehr gut und nötig.

Doch es ist mehr nötig. Ich glaube, dass die Heilung, die in beiden Völkern in großem Maß vonnöten ist, nicht allein durch psychologische Aufarbeitung und Betreuung

*der Traumatisierten geleistet werden kann. Die Heilung,
die dringend gebraucht wird, hat eine geistliche Dimen-
sion. Letzten Endes muss Gott mit seinem Geist all diese
Menschen berühren und heilen, damit sie wieder liebes-
fähig, lebensfähig und bereit zur Vergebung und zum
Neuanfang werden.*

Herr,
erbarme Dich.
Erbarme Dich
über die Erwachsenen und auch die Kinder,
palästinensische wie jüdische,
die voller Abscheu
über Menschen auf der anderen Seite reden;
die mit Gedanken von Rache aufwachsen,
weil sie in ihrem Umfeld gelernt haben zu hassen.

Du siehst nicht nur, was vor Augen ist.
Du siehst tiefer.
Du weißt, was sie dazu gebracht hat,
welche schlechten Erfahrungen,

welche traumatischen Erlebnisse.
Du siehst, wie sie in ihrem Inneren
tief verunsichert, verängstigt und verletzt sind.
Ihr Leben ist aus den Fugen geraten.
Nichts scheint mehr sicher.

Herr,
hilf ihnen.
Segne die Therapeuten und Psychologen,
die helfen wollen,
die Wege aus der Krise und der Depression
zeigen wollen.
Gib ihnen Weisheit, Kraft und Geduld
für jeden Menschen,
wie verletzt, verängstigt oder verbittert
er auch sein mag.

Herr,
Du hast immer noch Hoffnung für dieses Land
und für jeden einzelnen Menschen darin.
Öffne den Menschen hier,
Juden und Palästinensern,
Deinen Horizont:
Lass sie verstehen, glauben und erleben,
dass es eine Kraft gibt, die alles verändern kann,
die Kraft der Liebe und Vergebung.

Herr,
das scheint für uns so absurd zu sein
und so schwer zu begreifen:
dass der Heilungsprozess
für dieses traumatisierte Land und seine Menschen
nur dann erst beginnt,
wenn jeder über den anderen sagen kann:
„Vater, vergib ihnen, denn sie wissen nicht, was sie tun";

wenn jeder sein Recht auf Vergeltung
aufgibt und loslässt
und nicht mehr auf seine eigene Kraft vertraut.

Herr, heile Du die Gedanken,
die Herzen, die Seelen der Menschen hier.
Berühre die zerbrochenen, leblosen
Stellen – da, wo das Herz kalt geworden
und erstarrt ist.
Komm mit Deinem Geist,
der lebendig macht;
der Mut schenkt zur Vergebung
auch da, wo keine Reue ist;
der Kraft schenkt zur Liebe,
auch wenn sie nicht auf Gegenliebe stößt.
Deine Liebe, Dein Tod und Deine Auferstehung
machen Unmögliches möglich –
auch im Heiligen Land.

Hoffnung für den Nahen Osten

Gott hat Hoffnung, ganz viel Hoffnung – für jeden von uns und auch für die Menschen im Nahen Osten. Wenn Gott selbst immer noch Hoffnung hat – warum sollten wir dann die Hoffnung aufgeben?

Es gibt einen Text des Propheten Jesaja, der für mein Empfinden ganz viel von dieser Hoffnung ausdrückt. Jesaja spricht von einer Friedenszeit, die einmal anbrechen wird, in der die Völker des Nahen Ostens zueinander finden und gemeinsam Gott anbeten werden. Er erwähnt speziell Ägypten, Assyrien (ungefähr das Gebiet des heutigen Irak und Ost-Syrien) und Israel, aber ich möchte Jesajas Worte gerne als Hoffnungsworte für alle Völker des Nahen Ostens nehmen. Diese Verheißung von einem kommenden Frieden und einem gemeinsamen Gottesdienst, die Jesaja in Gottes Namen ausspricht, wurde noch nicht erfüllt. Zwar entstanden einige hundert Jahre nach Jesajas Tod in Ägypten und Assyrien größere jüdische Gemeinden, in denen Gott angebetet wurde. Und um 170 n. Chr. wurde in Ägypten der Tempel nachgebaut. Doch reicht die Vision Jesajas weit darüber hinaus. Sie kündigt einen umfassenden Frieden, eine umfassende Heilszeit und eine große geistliche Einheit für die Völker des Nahen Ostens an:

„Zu der Zeit wird für den Herrn ein Altar mitten in Ägyptenland sein und ein Steinmal für den Herrn an seiner Grenze; das wird ein Zeichen und Zeugnis sein für den Herrn Zebaoth in Ägyptenland. Wenn sie zum Herrn schreien vor den Bedrängern, so wird er ihnen einen Retter senden; der wird ihre Sache führen und sie

erretten. *Denn der Herr wird den Ägyptern bekannt werden, und die Ägypter werden den Herrn erkennen zu der Zeit ... Und der Herr wird die Ägypter schlagen und heilen; und sie werden sich bekehren zum Herrn, und er wird sich erbitten lassen und sie heilen.*

Zu der Zeit wird eine Straße sein von Ägypten nach Assyrien, dass die Assyrer nach Ägypten und die Ägypter nach Assyrien kommen und die Ägypter samt den Assyrern Gott dienen.

Zu der Zeit wird Israel der dritte sein mit den Ägyptern und Assyrern, ein Segen mitten auf Erden; denn der Herr Zebaoth wird sie segnen und sprechen: Gesegnet bist du, Ägypten, mein Volk, und du, Assur, meiner Hände Werk, und du, Israel, mein Erbe!" (Jesaja 19,19-25)

Herr,
danke für die Hoffnung
und die Liebe,
die Du für die Völker des Nahen Ostens hast.
Du hast noch viel mit ihnen vor.
Du willst sie segnen und ihnen helfen,
ein Segen zu werden.

Ich wünsche mir so,
das zu sehen, was Du durch Jesaja versprochen hast:
Dass die Völker des Nahen Ostens
zueinander finden,
in Frieden miteinander leben
und gemeinsam Dich anbeten.

Sei Du, der Friedefürst,
die Straße, auf der sie zueinander kommen.
Sei Du, der Heiland,
Heilung für ihre Zerrissenheit.

Bau Dein Reich im Nahen Osten,
komm mit Deiner Herrlichkeit
in diese Region
zu den Menschen, die für Dich so wertvoll sind,
weil sie Dein Volk sind, Deiner Hände Werk,
Dein Erbe.

Berühre die Völker des Nahen Ostens
mit Deinem Geist,
dass sie Dich erkennen, Dich anbeten,
Dich lieben lernen.
Segne sie und heile sie.

Nachwort

Zum Hintergrund der Arbeit des Christus-Treff aus Marburg im Johanniter-Hospiz in Jerusalem:
Seit mehr als zehn Jahren mietet der Christus-Treff aus Marburg ein kleines Gästehaus im Herzen von Jerusalem, keine 100 Meter entfernt von der Grabeskirche, mitten in der arabischen Altstadt Jerusalems. Wie es dazu kam? Das ist eine lange Geschichte. So viel sei hier verraten: Die Jesus-Bruderschaft aus Gnadenthal hatte schon mehrere Jahre für eine kleine Zelle der Kommunitäts-Schwestern Räume in dem Haus des Deutschen Johanniter-Ordens an der achten Station der Via Dolorosa angemietet. Die Schwestern hatten nach etlichen Jahren dort zu Beginn der neunziger Jahre den Eindruck, dass ihre Zeit im so genannten Johanniter-Hospiz zu Ende ging.

Der damalige Leiter der Gemeinschaft, Günter Oertel, fragte uns daraufhin, ob wir als Jesus-Gemeinschaft und Christus-Treff dieses Haus weiterführen wollten. Und ob wir wollten! Es folgten ein Besuch in Jerusalem und eine Begegnung mit den damaligen Leitern des Johanniter-Ordens in Latrun. Hinzu kam die Bereitschaft einer Familie mit fünf Kindern und einer ledigen Frau aus Marburg, im Sommer 1993 als ein erstes Team dorthin ausgesandt zu werden.

Damals war weder uns als Gemeinschaft noch dem Christus-Treff als Ganzes klar, was Gott mit uns dort vorhaben könnte. Eines wussten wir jedoch von Anfang an: Wir wollten dort, mitten in der Altstadt von Jerusalem, beten. Beten für Israel, beten für die arabischen Nachbarn, beten um Vergebung für alle und um Versöhnung mit allen. Und wir wollten le-

ben. Mitten in den Konflikten, mitten im Unruhe-
herd und mitten zwischen den Fronten. Das Haus
liegt an der achten Station der Via Dolorosa und so-
mit genau auf der Grenze zwischen dem christlichen
und dem muslimisch-arabischen Viertel. Wenige Meter entfernt beginnt das modernere jüdische Viertel und
ganz nah ist auch die so genannte Klagemauer.

Im Haus selbst ist ein schöner Ort zum Wohnen
für unsere Mitarbeiter, die für kürzere oder längere
Zeit dort leben. Inzwischen sind es Dutzende gewesen, die als Ledige oder Familien dort Monate oder
auch Jahre gearbeitet haben. Aber auch für unsere
Gäste aus Deutschland oder anderen Ländern ist das
Johanniter-Hospiz eine Oase in der Altstadt. Im Laufe der Zeit ist im Haus des Johanniter-Ordens ein
kleines Gästehaus entstanden, das mit der Deutschen
Erlöserkirche verbunden ist. In vier Doppelzimmern
und einigen allgemein genutzten Räumen können
sich unsere Gäste wohl fühlen. Die meisten kommen aus Deutschland. Sie besuchen das Heilige Land,
besuchen ihre Kinder oder Freunde, die als Volontäre in Israel leben und arbeiten.

Im Laufe der Jahre haben sich für unsere Teams im
Johanniter-Hospiz die unterschiedlichsten Aufgaben
ergeben, je nach den Gaben der Mitarbeiter. So wurden am Anfang viele Kontakte zu christlichen Einrichtungen und Deutschen im Land aufgebaut.
Nebenbei wurden Aidskranke ambulant betreut. Das
zweite Team war neben der Gästearbeit stark in der
Kinderarbeit engagiert. Es wurden viele deutsche
Mütter und ihre Kinder betreut, die mit Palästinensern oder mit Juden verheiratet waren. Die Frauen
konnten sich im Hospiz begegnen und Vertrauen
zueinander aufbauen. Der damalige Leiter der Station hat in Ramalla Deutsch unterrichtet. Andere

Mitarbeiter haben einen Jugendkreis in Bet Jala mit gestaltet. Das dritte Team hat in unterschiedlichen Gemeinden Seelsorgekurse durchgeführt und viele Einzelpersonen begleitet und betreut. Alles das geschieht in lockerer Zusammenarbeit mit der Deutschen Evangelischen Erlöserkirche, die in unmittelbarer Nachbarschaft ist.

Das Haus steht nicht nur den Gästen und Touristen offen, die im Haus wohnen. Es ist auch ein Treffpunkt für viele, die in sozialen und diakonischen Einrichtungen in Israel arbeiten und gerne den Kontakt zu Landsleuten aufrecht erhalten wollen. Jeden Donnerstag wird am Abend ein Gottesdienst für Besucher und Gäste gefeiert. Dieser Gottesdienst wird von vielen deutschsprachigen Volontären besucht, die für ein oder mehrere Jahre im Heiligen Land leben. Nach einem Vortrag oder einer Bibelarbeit gehen alle gemeinsam in die kleine Kapelle im Haus, um dort mit vielen Liedern und Gebeten Gott zu loben. Für viele dieser Volontäre ist das Johanniter-Hospiz ein zweites Zuhause, ein Stück Heimat in der Fremde.

Guido und Steffi Baltes waren als Vikare schon einmal für ein Jahr in diesem Haus tätig. Sie haben Land und Leute kennen und lieben gelernt. Nun sind sie, nach einigen Jahren in Marburg, noch einmal aufgebrochen ins Heilige Land – wohl wissend, dass es auch dort wie bei uns viele „unheilige" Dinge gibt. Den ursprünglichen Auftrag, für das Land und seine Bewohner und Gäste zu beten, den haben sie gerne übernommen. Vielleicht ist dieses kleine Buch auch ein Ausdruck von diesem Auftrag Gottes, für diesen Teil der Welt zu beten.

Ich empfehle dieses Buch jedem, der sich für Israel interessiert, der nach Israel reist. Das Land und seine Menschen brauchen Gebet. Beten Sie mit!

Elke Werner, im November 2003

Wenn Sie mehr über die Arbeit des Christus-Treff im Johanniter-Hospiz in Jerusalem erfahren möchten, können Sie unter folgenden Adressen Kontakt aufnehmen:

Deutschland:
Jesus-Gemeinschaft e.V.
Steinweg 12, 35037 Marburg
Tel. +49 (6421) 64470, Fax +49 (6421) 64463
buero@jesus-gemeinschaft.de
www.christus-treff.org

Israel:
Christus-Treff Jerusalem
Johanniter-Hospiz
Post Box 14076, Jerusalem 91140
Tel. & Fax +972 (2) 6264627
jerusalem@christus-treff.org